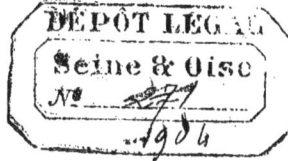
LE

Dirigeable

Lebaudy

Pendant les années 1902 et 1903

LE

Dirigeable

Lebaudy

Pendant les années 1902 et 1903

LE

DIRIGEABLE LEBAUDY

Pendant les années 1902 et 1903

————————— ✳ —————————

Dans le courant de l'année 1899, M. Paul Lebaudy, député de Mantes, et son frère, M. Pierre Lebaudy, se rendirent compte, en étudiant les progrès de l'industrie automobile, que les moteurs légers produits par cette industrie devaient avoir rendu possible et pratique la solution du problème de la navigation aérienne.

Ils étudièrent alors cette question si intéressante avec M. Julliot, l'ingénieur directeur technique de leur raffinerie.

Après de longues études et de nombreux essais de propulseurs, de moteurs, etc., MM. Lebaudy purent faire essayer, en 1902, dans le hangar qu'ils avaient fait construire près Bonnières (S.-et-O.), sur le plateau de Moisson un ballon dirigeable, plus léger que l'air, qui a donné d'excellents résultats.

C'est, en effet, le premier dirigeable qui ait pu réaliser une vitesse supérieure à 10 mètres ; c'est le premier qui ait pu emporter, avec quatre personnes, un moteur à essence de quarante chevaux, approvisionné pour quinze heures de marche d'essence et d'eau, et cela dans des conditions d'équilibre et de stabilité qui ont été qualifiées de merveilleuses.

Description du Dirigeable

Le dirigeable Lebaudy, qu'on a vu évoluer avec aisance comme un immense et fantastique oiseau, est composé des éléments suivants :

1° Un ballon fusiforme, très pointu à l'avant, légèrement arrondi à l'arrière, de 56 mètres de longueur, ayant son maître couple, c'est-à-dire sa plus grande section tranversale de 9 ^{m} 80 de diamètre, placé plus près de l'avant que de l'arrière ; ce ballon, dont la construction a été confiée à M. Ed. Surcouf, ingénieur-aéronaute, a été exécuté avec un tissu spécial, formé de deux percales de coton englobant une mince feuille de caoutchouc, imperméable au gaz, recouvert d'un enduit spécial appelé ballonine, et teint sur la face extérieure d'une couleur jaune à base d'acide picrique, dont les qualités inactiniques empêchent l'altération du caoutchouc sous l'influence de la lumière ;

2° Le ventre du ballon est supprimé et remplacé par une carcasse métallique en tubes d'acier, portant des toiles horizontales et verticales, ignifugées, qui donnent de la stabilité à l'ensemble et évitent le tangage et le roulis ;

3° La carcasse métallique porte, par l'intermédiaire de câbles d'acier, une nacelle entièrement métallique en forme de bateau, qui contient toute la partie mécanique et les aéronautes ;

4° En arrière de la carcasse, un gouvernail placé à plat permet de faire monter ou descendre à volonté le ballon en marche, tandis que plus en arrière encore, un gouvernail vertical, relié à l'ensemble par des plans horizontaux et verticaux tendus de toile, a permis de faire à volonté des virages très courts et rapides ;

5° La partie mécanique se compose d'un moteur à essence du système Mercédès de quarante chevaux, muni de tous ses accessoires, radiateur, carburateur, etc., qui commande, par des transmissions, deux hélices latérales, en acier, très rapides (elles font mille tours par minute), qui donnent un effort de propulsion particulièrement remarquable ; ces hélices sont susceptibles de prendre des positions variables et de contribuer à l'ascension et à la descente du dirigeable.

Telle est l'organisation du véritable navire aérien qui a été soumis à de multiples essais en novembre 1902.

Première Campagne du Lebaudy

Ces essais conduits méthodiquement, ont d'abord été faits à la corde molle, grande corde de 500 mètres, attachée à des massifs de maçonnerie isolés, dispersés dans la plaine.

Puis, le 13 novembre 1902, après un essai analogue, qui avait montré que le ballon était bien réellement dirigeable, on a dénoué la corde, et le ballon a procédé, au-dessus de la plaine, à plusieurs ascensions libres avec retour au point de départ. Au cours de ces ascensions il a été fait de nombreux virages et des parcours en rond et en huit.

Le Dirigeable sortant de son Hangar

En résumé, en 1902, le dirigeable *Lebaudy*, tenu sous pression cinquante-six jours, a fait six ascensions à la corde molle ou libres.

Les expériences reprirent en 1903, qui fut une année de navigation aérienne bien remplie ; en voici l'historique :

Deuxième Campagne

Le 1er avril, le *Lebaudy* faisait sa première sortie. Il était monté par M. Julliot, ingénieur, piloté par M. Juchmès, accompagné de deux mécaniciens dont l'un, M. Rey, était chargé de la conduite du moteur.

Il inaugurait ce jour-là sa deuxième campagne d'essais, qui dura soixante-dix jours, et comprit neuf ascensions de plus en plus importantes, faites suivant un programme déterminé d'avance. Nous rappellerons :

Les deux sorties du 11 avril, veille de Pâques, avec atterrissage devant le hangar et départ immédiat entre les deux ascensions ;

Celle du lundi de Pâques, 13 avril, fixée d'avance un jour de fête ;

Celle du 20 avril, la première où le ballon fut perdu de vue du hangar sans qu'il fut encore sorti, cependant, de la boucle de la Seine ;

Celle du lundi de la Pentecôte, où on essaya, devant M. Paul Lebaudy et quelques-uns de ses amis de l'arrondissement de Mantes, ce que deviendrait le ballon s'il était désemparé d'une de ses hélices ;

Celle du vendredi 15 mai, la treizième, où une déchirure de la coquille du ventilateur (réparé et réessayé le 22) obligea les aéronautes qui venaient de rendre visite à jour fixe à Mme Gustave Lebaudy, au château de Rosny, à descendre dans la plaine de Sandrancourt. Cette journée, fut d'ailleurs une des plus intéressantes et des plus pittoresques ; elle permit de vérifier la solidité de construction de l'appareil, qui put être amarré longtemps au sol, puis sur une péniche, traverser la Seine, cela sans souffrir du vent pourtant violent.

Enfin et surtout la deuxième campagne du *Lebaudy* a été marquée par le premier voyage aérien vraiment digne de ce nom qu'ait exécuté un Dirigeable ; nous voulons parler de la mémorable sortie du vendredi 8 mai, où le ballon, malgré la pluie de la première heure, rendit visite à la Ville de Mantes, puis au château de Rosny, et revint au Hangar de Moisson après un parcours de 37 kilomètres et une durée d'ascension de 1 h. 36. Jamais dirigeable n'avait obtenu ces résultats, qui d'ailleurs n'ont encore été dépassés que par le *Lebaudy* lui-même. M. Paul Lebaudy a gardé précieusement la dépêche de

M. Collet, maire de Mantes, qui consacre ce fait et le remercie de la visite du beau navire aérien.

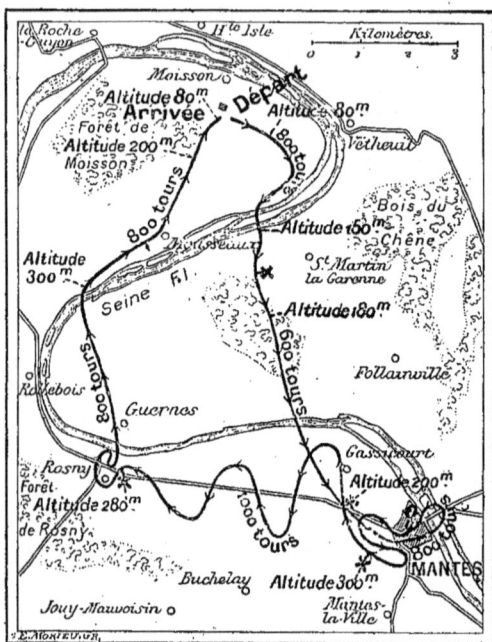

Trajet Moisson-Mantes-Moisson

Ce jour-là les aéronautes, MM. Juchmès et Rey, eurent la satisfaction d'être « acclamés sur tout le parcours par la population », et on put dire que « la navigation aérienne dirigeable entrait dans le domaine de la réalité et de la pratique ».

Cette phrase répétée par la presse de tous les pays a été pleinement confirmée par les événements qui ont suivi.

Troisième Campagne

La troisième campagne d'essais eût lieu fin juin et en juillet-août 1903 ; elle dura également soixante-dix jours, et fut surtout une campagne d'études des moyens que le Dirigeable présentait ; elle conduisit notamment à l'augmentation de la puissance du ventilateur. Elle fut marquée par quatorze ascensions, dont quelques-unes sont très remarquables. Nous rappellerons :

Celle du dimanche 5 juillet, jour fixé d'avance pour la réception de la Commission scientifique de l'Aéro-Club, comprenant des sommités aéronautiques et scientifiques comme MM. de Fonvielle, Besançon, de la Vaulx, Eiffel, Lévy (de l'Institut), Balsan, Peccatte, etc., qui furent reçus par M. Paul Lebaudy d'abord à Moisson, puis à Rosny ;

Celle du jour de la Fête nationale du 14 Juillet ;

Celles où furent atteintes des altitudes relativement élevées de 330 à 440 mètres, et qui montrèrent que la descente d'un seul coup de ces hauteurs pouvait se faire.

Cette campagne fut surtout marquée par l'ascension du 24 juin, où le *Lebaudy* dépassa les plus beaux résultats qu'il avait déjà obtenus. Le Dirigeable effectua en effet un parcours de 98 kilomètres et le moteur fit sans s'arrêter 147.398 tours ! Cette ascension dura de 5 h. 10 à 7 h. 56, soit 2 h. 46. Le voyage dut être arrêté parce que la nuit étant venue, la manœuvre de rentrée au hangar pouvait devenir difficile.

Après ces différents essais, le *Lebaudy* était vraiment prêt à faire de grands voyages ; mais l'enveloppe, fatiguée par cent quatre-vingt-seize jours de pression, donnait des signes de fatigue et demandait une revision.

Réparation de l'Enveloppe

Le ballon fût dégonflé le 20 août, et l'examen de l'enveloppe montra que le tissu interne était rongé par de l'acide sulfurique et de l'hydrogène sulfuré, probablement entraînés petit à petit par le gaz. On lava alors l'enveloppe à l'ammoniaque, on en remplaça les parties les plus défectueuses par des tissus d'origines et de qualités diverses qu'il s'agissait d'essayer, et on fretta le reste de galons blancs qui donnèrent un nouvel aspect au ballon de Moisson.

En même temps l'appareil à gaz était modifié de manière à lui faire produire un gaz pur, léger, ne présentant plus de traces d'acide.

Un nouveau gonflement commençait ie lendemain de la Toussaint, le 2 novembre, et permettait d'exécuter la quatrième campagne.

Quatrième Campagne

Elle n'a duré que vingt jours, mais elle a été fort brillante et elle a complètement couronné les efforts de MM. Lebaudy.

Une première ascension, la trentième depuis la construction du Dirigeable, eut lieu à jour fixe, le dimanche 8 novembre après midi, devant le corps des officiers aérostiers du 1er régiment du génie ; elle fut très belle et frappa beaucoup les officiers, tous connaisseurs, parmi lesquels nous devons citer le colonel Lhéritier, du 1er génie, le chef du bataillon des Aérostiers, commandant Hirschaüer, le chef de l'Etablissement de matériel aérostatique de Chalais, commandant Bouttieaux ; le capitaine Voyer, le capitaine Lindecker, etc.

Une deuxième ascension courte, mais par grand vent, eut lieu le surlendemain matin, 10 novembre ; elle montra bien qu'on pouvait se fier à l'enveloppe.

Après ces deux galops d'essais, le Dirigeable était décidément bien prêt à réaliser le programme des voyages élaboré par MM. Lebaudy et Julliot. Il s'agissait, non plus de faire revenir le ballon à son hangar après des excursions plus ou moins lointaines, mais de faire de véritables voyages géographiques, avec escales convenues d'avance. Les deux escales choisies, les seules possibles d'ailleurs, parce que seules elles présentaient un abri convenable, étaient le Palais des Machines sur le Champs de Mars, en plein Paris, et le hangar de l'Etablissement militaire d'Aérostation de Chalais-Meudon.

Au Champ de Mars, on donnerait aux Parisiens l'occasion de voir le navire aérien venu de loin, réalisant par son voyage un objectif inutilement souhaité pendant toute la durée du siège en 1870. Le Palais des Machines était entr'ouvert, au centre même, par la démolition de l'ex-Palais de l'électricité, à son ancienne jonction avec la Galerie de trente mètres, et il constituait avec le Champ de Mars et la Tour Eiffel un aérodrome idéal.

A Chalais, il y avait un superbe hangar en fer, tout ouvert, et on rendrait aux officiers aérostiers et au berceau de la dirigeabilité, la courtoise visite reçue à Moisson.

Trente-deuxième Ascension. — Voyage de Paris

Donc le jeudi 12 novembre 1903, un an moins un jour après la première sortie libre du Dirigeable, sur un ordre donné de Paris, le matin, par téléphone, le *Lebaudy*, conduit par M. Juchmès, accompagné de M. Rey, quittait la plaine à 9 h. 20. Le vent assez vif (6 m. par seconde) poussait vers le Nord, prenant le Dirigeable en travers de sa route. M. Juchmès s'assurait donc une garantie en appuyant d'abord nettement à droite ; il conservait ensuite la pointe de son ballon toujours vers la droite.

En Marche vers Paris

Il voyait défiler sous lui un interminable ruban de champs, de routes, de collines, plateaux et vallées ; il contournait les bois pour éviter la condensation du gaz et conserver ses

moyens, traversait plusieurs fois la Seine, et enfin, vers
Poissy, commençait à distinguer dans la brume la haute
silhouette de la Tour Eiffel. Pliant alors sa carte, il pointait
droit sur la tour, arrivait rapidement au-dessus des glacis du
Mont-Valérien, et apercevait devant lui la mer de maisons
formée par Paris et ses faubourgs de l'Ouest. Quelques minutes
encore, le *Lebaudy* passait au-dessus de la porte de Passy,
puis à côté de la Tour Eiffel, virait à droite, descendait
dans celui des deux carrés du Champ de Mars, placé
entre la rue transversale et le Palais des Machines. Il y était
reçu par les démolisseurs qui prenaient sa corde, et par
MM. Lebaudy et Julliot qui l'attendaient. Il était onze heures
une minute. L'ascension avait duré une heure quarante et une
minutes ; la distance en ligne droite, à vol d'oiseau, était de
cinquante-deux kilomètres, et en fait, suivant les sinuosités
de la carte, de soixante-deux kilomètres au minimum.

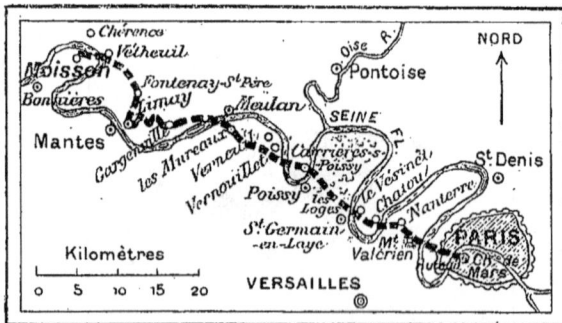

Trajet Moisson-Paris

Le *Lebaudy* fut ensuite remisé dans le Palais des
Machines où il fut introduit par le haut de la baie centrale,
tandis que la nacelle séparée de l'enveloppe entrait à part, par
le dessous de la même baie. MM. Lebaudy régularisaient dans
la journée même ce que cette introduction avait de trop
impromptu.

Les plus larges autorisations furent alors données pour la
visite du Dirigeable qui intéressa beaucoup les spécialistes,
les officiers et un grand nombre de Parisiens.

MM. Lebaudy obtinrent de l'obligeance de M. Picard, le commissaire général de l'Exposition, de faire démolir (à leurs frais, risques et périls, et à charge de la reconstruire), la galerie qui coupe en deux les baies du Palais des Machines.

Dans l'après-midi du jeudi 19 novembre les dernières poutres de cette galerie tombaient à terre et le lendemain, le *Lebaudy* quittait Paris.

Trente-troisième Ascension

Le but à atteindre cette fois était le Parc de Chalais-Meudon. MM. le commandant Bouttieaux, le colonel et le commandant Renard furent avertis de ce projet par téléphone, et à 11 h. 14 le départ avait lieu. Il fut superbe ; le ballon avait été sorti du Palais des Machines à bras d'hommes par l'équipe de Moisson, aidée de cuirassiers qui avaient été autorisés le

Sortie de la Galerie des Machines au Champ de Mars
(Cliché de la *France Automobile*. — Photo Raffaëlo)

matin à le visiter. Quand M. Juchmès eut, comme d'habitude, terminé le pesage et fait ses derniers préparatifs, le *Lebaudy* s'éleva, puis démarra avec la puissance et la rapidité habituelles, aux acclamations de plusieurs milliers de Parisiens. Il se dirigea sur la Tour Eiffel, passa à gauche, puis cingla au-dessus de la Seine dans la direction de Chalais, contre un vent nettement contraire et fort, surtout au-dessus de la côte qu'il fallait franchir pour entrer dans le « Val-Fleury » où se cache le Parc Aérostatique. Enfin, après une lutte superbe, au-dessus de l'Hospice Galliéra, contre un vent puissant de puissance presqu'égale à celle du Dirigeable, celui-ci entrait dans la vallée, arrivait en trombe au-dessus de la pelouse du parc, et atterrissait.

Le but était atteint.

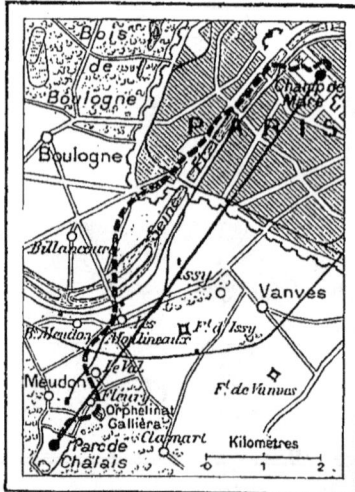

Champ de Mars-Parc de Chalais

Malheureusement un accident, ou plutôt un incident de garage, empêcha de réaliser la troisième étape projetée, c'est-à-dire le retour par les airs de Chalais à Moisson. A l'arrivée dans le parc de Chalais, M. Juchmès sifflait pour appeler ses aides, mais l'appel était mal compris et le ballon toucha à terre sans avoir été saisi; il se releva, et comme le moteur et les hélices étaient arrêtés, il dériva et heurta un bouquet

Départ du Champ de Mars pour Chalais
(Cliché de la *France Automobile*. - Photo Rolland)

d'arbres au milieu de la pelouse, dont les branches déchirèrent l'enveloppe ; elle retomba en plis, à terre, sur MM. Juchmès et Rey qui, préservés de son contact et de celui du gaz par les carcasses métalliques, purent quitter la nacelle sains et saufs, et coopérer l'après-midi au garage du ballon. Les carcasses avaient empêché également le contact de l'enveloppe avec le moteur encore chaud. Le matériel mécanique n'était pas endommagé ; mais il ne fallait pas songer, étant donnée l'approche des grands froids, à faire une réparation de l'enveloppe et à reprendre le chemin des airs ; MM. Lebaudy ont donc décidé de faire revenir l'appareil à Paris afin de le remettre en ordre.

Le Dirigeable au-dessus de l'Orphelinat de Galliéra
Cliché de la *France Automobile*. − Photo Raffaële

Résumé

A la suite de cette année, si remarquable, de navigation aérienne que fut l'année 1903, on peut dire sans contestation possible, que le *Lebaudy*, le ballon dirigeable que MM. Lebaudy ont. fait établir par M. Julliot, leur ingénieur, a obtenu des résultats pratiques uniques, dépassant de beaucoup tout ce qui a été fait jusqu'à présent en dirigeabilité.

C'est en effet, pour nous résumer, le seul dirigeable qui soit resté gonflé, sous pression, deux cent seize jours.

Qui ait réalisé trente-trois ascensions dont une seule sans atteindre son but ;

Qui ait accompli des ascensions de 1 h. 36. — 1 h. 41.— 2 h. 46 de durée ;

Qui soit sorti si souvent à jour fixé et par presque tous les temps ;

Qui ait effectué des parcours de 37, 62 et 98 kilomètres ;

Qui ait réalisé la vitesse de 40 kilomètres à l'heure en air calme, soit plus de 11 m. par seconde ;

Et c'est le seul qui ait fait de véritables voyages géographiques comme

Moisson-Mantes-Rosny-Moisson ;

Moisson-Paris ;

Et Paris-Chalais.

Tout cela a été obtenu sans accident de personne, et sans autre accident grave de matériel que la déchirure de l'enveloppe *après* la trente-troisième ascension.

Enfin nous ne pouvons mieux résumer ces essais qu'en rappelant les déclarations du colonel Renard à l'un de nos confrères de la Presse parisienne :

« La performance accomplie par le Dirigeable de MM. Lebaudy est remarquable et dépasse de beaucoup toutes les expériences similaires de ces temps derniers. Cet aéronat est construit d'une façon scientifique et les résultats obtenus sont concluants.

« Venir de Moisson à Paris avec vent de côté c'était beau, mais venir avec vent debout de Paris à Meudon, c'est tout simplement merveilleux. Il faut en outre remarquer la docilité

du ballon et son équilibre parfait dans l'atmosphère. Il marque,
à n'en pas douter, un grand progrès dans la navigation
aérienne par le plus léger que l'air. »

Tel est l'historique des voyages aériens accomplis par le
Lebaudy en 1902 et en 1903.

Avec une enveloppe nouvelle et quelques améliorations,
le Dirigeable reprendra le cours de ses expériences dans le
courant de l'été 1904.

MANTES
Imprimerie L. DESMOLINS